BEI GRIN MACHT SICH IHR WISSEN BEZAHLT

- Wir veröffentlichen Ihre Hausarbeit,
  Bachelor- und Masterarbeit

- Ihr eigenes eBook und Buch -
  weltweit in allen wichtigen Shops

- Verdienen Sie an jedem Verkauf

Jetzt bei www.GRIN.com hochladen und kostenlos publizieren

Mediaplanung und -controlling am Fallbeispiel VW

J. Lückert

Bibliografische Information der Deutschen Nationalbibliothek:

Die Deutsche Nationalbibliothek verzeichnet diese Publikation in der Deutschen Nationalbibliografie; detaillierte bibliografische Daten sind im Internet über http://dnb.d-nb.de abrufbar.

ISBN: 9783346901835
Dieses Buch ist auch als E-Book erhältlich.

© GRIN Publishing GmbH
Trappentreustraße 1
80339 München

Druck und Bindung: Books on Demand GmbH, Norderstedt Germany
Gedruckt auf säurefreiem Papier aus verantwortungsvollen Quellen

Das Buch bei GRIN: https://www.grin.com/document/1347932

Mediaplanung und -controlling: Eine Mobile Advertising Kampagne für VW

Studiengang: Medien- & Kommunikationsmanagement
Modul: Mediaplanung und -controlling

Inhaltsverzeichnis

Abbildungsverzeichnis

Tabellenverzeichnis

1.Einleitung

Technologie entwickelt sich stetig weiter und somit auch die Welt der Werbung. Das Internet ist für viele Menschen ein Teil des Alltags geworden. Besonders Smartphones und Tablets haben zu dem rasanten Wachstum beigetragen und erfreuen sich zunehmender Beliebtheit - insbesondere die Nutzung von Mobile Devices in Bezug auf Länge und Häufigkeit steigt an.[1] Mittlerweile nutzen 69% der Deutschen täglich mobile Geräte und das zwischen 152 - 202 Minuten pro Tag.[2] Die jüngere Generation noch stärker als die Ältere. Dabei nimmt die Nutzung klassischer Medien, wie zum Beispiel dem Radio, TV oder Zeitschrift ab.

[Hinweis der Redaktion: Diese Abbildung musste aus urheberrechtlichen Gründen entfernt werden.]

Abbildung 1: Mediennutzung 2017

Quelle: BVDW

Unter dem Begriff des Online Marketing lassen sich alle Marketingaktivitäten inkludieren, die auf der Grundlage internetbasierter Technologien durchgeführt werden. Es eröffnet eine Vielzahl von neuartigen Marketingoptionen und bietet einen neuen Kanal zur Umsetzung von Produkt-, Preis-, Distributions- und Kommunikationsstrategien.[3]

---

[1] Vgl. BVDW (2018)
[2] Vgl. BVDW (2018)
[3] Vgl. Kuhlen/Semar/Strauch (2013), S.411

2. Mobile Advertising

Analog zu den steigenden Nutzerzahlen von Online Medien wird auch das Mobile Advertising immer beliebter und die Werbeausgaben dieser Mediengattung erhöhen sich stetig. Mobile Advertising, im deutschen meistens als Online Marketing oder Online Werbung bezeichnet, umfasst alle Marketingmaßnahmen die auf der Grundlage internetbasierter Technologie durchgeführt werden.[4] Im Regelfall bauen Werbetreibende ihre digitalen Werbemittel in die Webseite Dritter ein, um damit ihre Zielgruppe anzusprechen.[5] Ziele dieser Marketingmaßnahmen sind unter anderem die Steigerung der Markenbekanntheit oder der Abschluss eines Onlinegeschäftes. Online Marketing eröffnet vielfältige neuartige Marketing Optionen und bietet Unternehmen, sowie auch den Nutzern eine Vielzahl an Vorteilen.

Vorteile..	
...für Nutzer	.... Für Unternehmen[6]
- Verfügbarkeit (weltweit, einfach, sofortig)	- Leichte Messung von Kampagnenerfolgen
- Interaktive Funktion	- Gezieltes Targeting
- Keine zeitlichen oder örtlichen Einschränkungen	- Geringe Einstiegskosten (vieles selbst machbar)
- Interaktionen	- Budget Flexibilität (kann kurzfristig erhöht oder gekürzt werden)
- Ständige Erreichbarkeit (durch Mail, Chat, etc.)	- Laufende Optimierung möglich (durch Abstimmung, Betreuung)

Tabelle 1: Vorteile von Online Marketing

Quelle: Eigene Darstellung

---

[4] Vgl. Kuhlen/Semar/Strauch (2014), S.412
[5] Vgl. Hermanni/Veeh (2019)
[6] Vgl. E-Dialog (2018)

2.1 Formate des Mobile Advertising

Online Marketing begegnet den Nutzern in den unterschiedlichsten Erscheinungsformen, die im Regelfall nicht allein durchgeführt werden müssen. Oftmals ergänzen sich die einzelnen Teilbereiche.[7]

[Hinweis der Redaktion: Diese Abbildung musste aus urheberrechtlichen Gründen entfernt werden.]

Abbildung 2: Formen des Online Marketing

Quelle: online-marketing.de

- Social Media Marketing

Im Social Media Marketing werden soziale Netzwerke wie Facebook, Instagram und Twitter genutzt, um die Bekanntheit eines Unternehmens und dessen Produktes zu erhöhen und somit Marketingziele zu verfolgen. Oftmals werden Kanäle auf den sozialen Netzwerken auch für das Costumer Relationship Management, im Deutschen als Kundenbeziehungsmanagement bezeichnet, genutzt und um die Reichweite von Informationen über ein Unternehmen zu erhöhen.[8] Social Media bietet die Möglichkeit bestimmte Zielgruppen besser erreichen zu können, beziehungsweise diese vorher gezielt auszuwählen.[9]

---

[7] Vgl. Kreutzer (2019), S.6
[8] Vgl. RYTE (2019)
[9] Vgl. Lammenett (2019), S.143

- Website

Zu den klassischen und zentralen Bausteinen des Online Marketings gehört die Gestaltung und der Aufbau von Unternehmenswebseiten.[10] Eine Website ist eine Sammlung von Seiten im Internet, die miteinander in Beziehung stehen und sich die gleiche Domain teilen.[11] Sie dient der Kundenbindung, der Erreichbarkeit, als auch zu Werbung neuer Kunden.

- Banner Werbung

Banner sind Grafiken in unterschiedlichen Formaten und werden von Unternehmen auf Webseiten oder Suchmaschinen als Werbemittel eingeblendet.[12] Die Dateien werden so verlinkt, dass der potenzielle Kunde durch das Anklicken gezielt auf die gewünschte Internetseite geleitet wird.

- Display Werbung

Display Werbung ist eine der gängigsten Formen des Online Marketings. Es handelt sich hierbei um ein Werbeformat im Internet, dass sich Audio und Bildmaterial bedient. Display Ads sind mit Anzeigen in Zeitungen oder Werbespots im TV vergleichbar.[13]

- Content Marketing

Das Content Marketing hat sich in den letzten Jahren als feste Größe im Online Marketing etabliert. Es beschäftigt sich mit der Produktion und Verteilung von Medien, mit dem Ziel, neue Kunden zu erreichen und zu binden. Zusätzlich wird sich damit befasst Marken und deren Produkte bekannter zu machen. Content Marketing wirkt eher indirekt auf den Nutzer und ist somit nicht aggressiv.

- Suchmaschinenmarketing

Suchmaschinen Marketing, auch SEM oder Search Engine Marketing genannt, beruht auf gezielt geschaltete Suchmaschinenwerbung oder -optimierung mit dem Ziel, dort ein hohes Ranking zu erzielen.[14]

---

[10] Vgl. RYTE (2019)
[11] Vgl. Sens (2018), S.56
[12] Vgl. RYTE (2019)
[13] Vgl. Onlinemarketing-Praxis (o.J.)
[14] Vgl. RYTE (2019)

- E-Mail-Marketing

Diese Art von Marketing umfasst jegliches Kontakt mit potenziellen oder beste-henden Kunden per Mail.[15] Newsletter zählen zu dieser Art von Online Marketing, diese werden regelmäßig verschickt und binden den Kunden an das Unterneh-men oder erinnern den Kunden an bevorstehende Aktionen.[16] Einzelne Mails können die Verbraucher auf besondere Aktionen oder Neuigkeiten hinweisen. Ziele des E-Mail-Marketings sind die Kundenbindung, die Imagepflege und die Steigerung des Umsatzes.[17]

- Influencer Marketing

Das Influencer Marketing ist eine relativ neue Methode des Online Marketings, die sich immer größerer Beliebtheit erfreut. In diesem Fall wird ein Influencer, also eine Person, die einen großen Einfluss auf den sozialen Medien hat, beauf-tragt ein Produkt oder eine Dienstleistung eines Unternehmens zu bewerben.[18]

- Affiliate Marketing

Beim Affiliate Marketing nutzt der Händler eine Vielzahl von Partnern, um seine Produkte oder Dienstleistungen zu vermarkten. Der Marketingaufwand wird hier auf mehrere Partner verteilt, die nur für Erfolg vergütet werden.[19] Die fremde Plattform wird dabei für eigene Werbezwecke genutzt, indem Verlinkungen oder Hinweise zur eigenen Website eingebunden werden. Das Affiliate Marketing ist eine günstigere Alternative zum Banner Marketing.

- Performance Marketing

Performance Marketing ist ein Teilbereich des Online Marketings, der stark auf Erfolgsoptimierung basiert ist.[20] Das Ziel ist hier kontinuierlich mehr Umsatz zu erreichen.

---

[15] Vgl. RYTE (2019)
[16] Vgl. Mail Jet (2018)
[17] Vgl. Mail Jet (2018)
[18] Vgl. Jahnke (2018), S.38
[19] Vgl. Marketing Institut (1) (2019)
[20] Vgl. RYTE (2019)

3. Planungsprozess

Mit dem Mediaplanungsprozess wird der komplette Ablauf zur gezielten Nutzung von Massenmedien für Zwecke der Werbung verstanden. Er ist Kernbestandteil der Werbestrategie. Der Medienplan orientiert sich an den Aufgabenstellungen des Werbetreibenden und an den Rahmenbedingungen des Marktes.[21] Daher ist es von immenser Wichtigkeit, dass der Planer mit den Abläufen auf dem Markt und dessen Rahmenbedingungen vertraut ist. Das primäre Ziel ist der effiziente Einsatz des Werbebudgets zur Erreichung der Kommunikationsziele.[22] Wichtig ist hier also das relevante Zielgruppen durch passende Werbeinstrumente erreicht werden. Zusätzlich soll auch die Frage nach der optimalen zeitlichen und räumlichen Aufteilung des Werbebudgets auf unterschiedliche Gattungen beantwortet werden. Für das Nutzen des Mediaplans sprechen viele Vorteile. Zum einen erhält man einen Überblick über die geplanten Kommunikationsmaßnahmen und Mittel. Zum anderen sichert das strategische und analytische Vorgehen die professionelle Erstellung des Plans. Der Mediaplanungsprozess gliedert sich in 6 Stufen, die sukzessiv aufeinander bauen:[23] Situationsanalyse, Werbe-/Kommunikations-/Mediaziele, Zielgruppenbeschreibung, Budgetierung, Briefing und die Mediastrategie.

[Hinweis der Redaktion: Diese Abbildung musste aus urheberrechtlichen Gründen entfernt werden.]

Abbildung 3: Ablauf des Mediaplans

Quelle: Media Engine

---

[21] Vgl. Hermanni/ Veeh (2019), S.119
[22] Vgl. Marketing Institut (2) (2018)
[23] Vgl. Hermanni/ Veeh (2019), S.119

4. Ablauf des Mediaplans

1. Situationsanalyse

Wie in jedem Planungsprozess ist auch bei dem Mediaplan eine Situationsanalyse unabdingbar. Der Schwerpunkt der Situationsanalyse liegt darin, dass sich die Agentur einen Überblick über den Markt, die Rahmenbedingungen und die Struktur verschafft.[24] Es erfolgt eine Analyse der Zielgruppe, der ausgewählten Werbeobjekte und des Marktes.[25]

[Hinweis der Redaktion: Diese Abbildung musste aus urheberrechtlichen Gründen entfernt werden.]

Abbildung 4: Analyseschritte der Situationsanalyse

Quelle: Hofsäss/Engel

Die Marktanalyse beschäftigt sich hauptsächlich mit den Fragen des Marktpotentials, des Marktvolumens, der Mitbewerber, dem Handel und der Analyse des Marktlebenszyklus.[26] Außerdem betrachtet man in diesem Schritt Trends und Konkurrenten auf dem Markt. Zusätzlich beinhaltet die Marktanalyse eine Stärken und Schwächen Analyse des Unternehmens.[27]

---

[24] Vgl. Hermanni/ Veeh (2019), S.16
[25] Vgl. Burmann/Kirchgeorg/Meffert (2011), S.719
[26] Vgl. Fuchs/Michel/Unger (2011), S.2
[27] Vgl. Hermanni/ Veeh (2019), S.17

2. Werbe-/Kommunikations-/Mediaziele

Bei Kommunikationszielen handelt es sich um eine Orientierung der möglichen Beeinflussung von Verhaltensmustern, Einstellungen oder Wünschen. Aus den Kommunikationszielen lassen sich die Mediaziele ableiten. Diese definieren was mit dem Mediaplan erreicht werden soll.[28] Diese lassen sich in drei Bereiche unterteilen: der Reichweite, der Kontakthäufigkeit, den Gross Rating Points (GRP) und der zeitlichen und geografischen Verteilungskonzeption.[29] Kommunikationsziele fokussieren sich auf Markenbekanntheit, Image, Einstellung und die Kaufabsichten.[30]

3. Zielgruppenbeschreibung

Ziel dieser Gliederung ist es Kunden zu Gruppen zusammenzufassen, so dass deren Bedürfnisse jeweils mit einem bestimmten Marketingmix befriedigt werden können.[31] Als Ergebnis dieser Stufe sollten am Ende homogene Gruppen entstehen, die gleiche Einstellung, Erwartungen, Kaufgewohnheiten und Lebensstile haben. Kriterien, die zur Zielgruppendefinition genutzt werden, sind zum Beispiel Daten über das Geschlecht, Alter, Beruf und Einkommen.

4. Budgetierung

Budgetierung ist der Prozess der Festlegung der Höhe der Gesamtaufwendung für die Kommunikation in einer Planungsperiode.[32] Im Mediaplan wird hier das Budget in sachlicher und zeitlicher Hinsicht aufgeteilt. In diesem Schritt ist festzulegen, wie hoch das Kommunikationsbudget ist und wie es verteilt werden soll.

---

[28] Vgl. Hermanni/ Veeh (2019), S.18
[29] Vgl. Fuchs/Michel/Unger (2011), S.4
[30] Vgl. Hermanni/ Veeh (2019), S.19
[31] Vgl. Diller/Schweiger (2001), S.1936
[32] Vgl. Marktforschung (2020)

5. Briefing

Das Briefing gibt Informationen zur Ausgangslage und umreißt vorgegebene Ziele. Informationen zur aktuellen Lage sind für die erfolgreiche Erledigung der Aufgabe unerlässlich.[33] Es beschreibt ein Informationsgespräch, in dem der Werbetreibende eine Agentur in die Vorstellungen und Ziele der Werbekampagne einweist.[34] Der Auftraggeber hat in diesem Schritt eine wichtige und zentrale Funktion: Wird das Briefing nicht richtig, zu oberflächlich oder leichtfertig verfasst so kann keine erfolgreiche Mediastrategie abgeleitet werden.[35] Punkte, die definitiv besprochen werden sollten sind unter anderem: die Ziele, die zur Verfügung stehenden Werbemittel, der Zeitraum sowie die Zielgruppe, die Werbeträger und das geplante Budget. Zusätzlich sind auch positive oder negativen Erfahrungen von Interesse.

6. Mediastrategie

Mit der Mediastrategie wird festgelegt, welchen Stellenwert einzelne Medien zur Verfolgung spezieller Kommunikations- bzw. Werbeziele einnehmen sollen. Es soll festgelegt werden, welche Medien zum Einsatz kommen, wie etwa TV , Zeitung oder Radio.

---

[33] Vgl. Hermanni/ Veeh (2019), S.119
[34] Vgl. Media-Engine (2011)
[35] Vgl. Hermanni/ Veeh (2019), S.120

4. Anwendung auf die Automobilbranche

Das Briefing stellt die Basis für den Media Plan dar. Für eine erfolgreiche Konzeption des Mediaplans und der nachfolgenden Umsetzung spielt das Briefing eine große Rolle. Die Agentur und der Werbetreibende führen ein detailliertes Gespräch, nach welchem die Agentur über die Probleme und Ziele der Firma Bescheid weiß. Die aktuelle Situation des Unternehmens wird erfasst, Stärken und Schwächen aufgezählt und Produkte der Marke werden beleuchtet.[36] Nach dem erfolgreichen Abschluss des Mediabriefings kann die konkrete Umsetzung und Planung erfolgen. Alle wichtigen Informationen werden nun herangezogen. Die Inhalte des Briefings sollten folgende Punkte beinhalten:[37]

- Aufgabenstellung
- Situationsanalyse
- Zielsetzung
- Strategie
- Zeit- und Kostenplan
- Kontrolle

[36] Vgl. Hermanni/ Veeh (2019), S.119
[37] Vgl. Swoboda/Zentes (2001), S.61

5. Briefing für die Volkswagen AG

1.) <u>Angaben zu dem Unternehmen und den Produkten:</u>

▶Was soll beworben werden?

▶ Erfolgreiche Neueinführung des „VW ID Vizzion"

Die Volkswagen Aktiengesellschaft ist ein deutscher Automobilhersteller. Es handelt sich um einen der größten Automobilhersteller der Welt.[38] Das Unternehmen wurde 1937 gegründet und ein Jahr später als Volkswagen GmbH benannt. 1960 wurde die Firma in eine Aktiengesellschaft umgewandelt. 1985 fand die Umfirmung in die Volkswagen AG statt. Die VW AG agiert als Muttergesellschaft der Fahrzeugmarken Volkswagen Pkw, sowie der Tochtergesellschaften Skoda Auto, Audi, Seat und der Luxusmarken Porsche, Lamborghini, Bentley, Bugatti und Ducati.[39]

[Hinweis der Redaktion: Diese Abbildung musste aus urheberrechtlichen Gründen entfernt werden.]

Abbildung 5: Tochtergesellschaften VW

Quelle: Google

Unter der Marke VW gibt es eine Vielzahl von Modellen, zu den bekanntesten und erfolgreichsten zählen unter anderem: der Polo, T-Cross, der Up!, der Golf, der Golf Variant, der Passat und der Sharan.

---

[38] Vgl. Deutsche Welle (2018)
[39] Vgl. Volkswagen Aktiengesellschaft (2011)

▶ Was sind die Eigenschaften des Produkts?

Der VW ID Vizzion soll 2021 in den Markt eingeführt werden. Es stellt das vierte Modell der ID Familie dar.[40] Es handelt sich um eine 5,11 Meter lange Oberklasse-Limousine und soll das Elektroauto der Zukunft darstellen - mit progressiven Design, intelligenten Innenraumkonzept und wegweisende Technologie.[41]

[Hinweis der Redaktion: Diese Abbildung musste aus urheberrechtlichen Gründen entfernt werden.]

Abbildung 6: Der VW ID Vizzion
Quelle: VW

Weitere wichtige Merkmale[42]
- kein Lenkrad (Bedienelemente sind virtuell)
- LED Lichtstreifen
- Gesichtserkennung
- Elektromotor in Vorder- und Hinterachse
- ergonomische Sitze
- Seitenfenster im Panoramadesign

[Hinweis der Redaktion: Diese Abbildung musste aus urheberrechtlichen Gründen entfernt werden.]

Abbildung 7: Der VW ID Vizzion
Quelle: VW

---

[40] Vgl. Autozeitung (2019)
[41] Vgl. Volkswagen (2020)
[42] Vgl. Volkswagen (2020)

▶ Positionierung des Unternehmens und deren Produkte?

Erst im April 2018 stellte VW AG ihre neue Markenstrategie vor. Zum Portfolio des Unternehmens zählen aktuell 12 Marken, diese werden durch die neuen Strategien in vier Segmente unterteilt. Zum Segment „Volumen" zählen die Marken Volkswagen, Skoda, Seat und Volkswagen Nutzfahrzeuge. Zum Segment „Premium" die Marke Audi. „Super Premium" die Marken Porsche, Lamborghini, Bugatti und Bentley. Zum Segment „Truck & Bus" die Marken Scania und MAN.[43] Unter der Dachmarke der Volkswagen AG führt jede Pkw Marke noch mehrere Markenfamilien. Dies dient dazu die Auswahl für Kunden noch breiter zu gestalten.[44] Der VW Konzern ist sehr breit aufgestellt und deckt vom Kleinwagen über den SUV bis zum Sportwagen alle Produktformen ab. Dadurch müssen Kunden, die ihre Automarke wechseln wollen, nicht zum Konkurrenten, sondern können sich innerhalb des Konzerns für eine andere Marke entscheiden und somit an das Unternehmen gebunden werden. Jede Marke verfügt über ein eigenes Leitbild und damit verbundenen Marketing Maßnahmen, sowie Werten und Nutzenversprechen.

---

[43] Vgl. Tagesschau (2020)
[44] Vgl. Lippold (2015), S.201

▶Bekanntheitsgrad?

Laut einer Studie des Marktforschungsunternehmens „Brainjuicer" zählt die VW AG nach wie vor zu den stärksten Automarken in Deutschland.[45] VW punktet vor allem in Sachen Bekanntheit, da 74% der Befragten spontan diese Automarke nannten.[46] Damit ist VW die meistgenannte Automarke in der Befragung. Auch in weiteren Befragung liegt VW unter den 3 bekanntesten Marken, wie auch die folgende Statistik zeigt.

[Hinweis der Redaktion: Diese Abbildung musste aus urheberrechtlichen Gründen entfernt werden.]

Abbildung 8: Bekanntheit der Marken in Automobilbranche

Quelle: Statista

[45] Vgl. Horizont (2015)
[46] Vgl. Horizont (2015)

▶ Saisonale Schwankungen

[Hinweis der Redaktion: Diese Abbildung musste aus urheberrechtlichen Gründen entfernt werden.]

Abbildung 9: Auslieferung des Volkswagen Konzerns nach Monaten
Quelle: VW

Die Automobilindustrie ist von saisonalen Schwankungen nicht so sehr betroffen, wie andere Wirtschaftsbereiche, z.B. die Kultur und Tourismusbranche. Trotzdem kann man auf dem Diagramm von 2017 deutliche Einbrüche in den Monaten Februar, Juli und August erkennen. Dafür sind rasante Anstiege im März, Juni, September und November erkennbar. Diese Einbrüche zu begründen und zukünftig zu erkennen wird schwer, da die Automobilbranche an keine äußeren Bedingungen geknüpft ist (Wetter, Urlaub). Trotzdem werden die vergangenen Berichte aus den Vorjahren herangezogen, um zukünftig einen erfolgreichen Launch zu generieren, der in einem verkaufsstarken Monat stattfinden kann. Trotzdem ist anzumerken, dass der deutsche Pkw Markt im Geschäftsjahr 2017 ein Plus von 2,7% erzielte.[47] Im Geschäftsjahr 2018 hat der VW Konzern mit weltweit 10,834,012 an Kunden ausgelieferten Fahrzeugen den Vorjahreswert um 0,9% übertroffen.[48]

---

[47] Vgl. Volkswagen AG (2) (2020)
[48] Vgl. Volkswagen AG (2) (2020)

▶ Eigene Marktforschung

[Hinweis der Redaktion: Diese Abbildung musste aus urheberrechtlichen Gründen entfernt werden.]

Abbildung 9: Eigene Umfrage zur Beliebtheit

Quelle: Facebook

▶ 2.) Wettbewerbsumfeld

▶ Wesentlich relevante Wettbewerber?

Aus der eben dargestellten Umfrage lassen sich auch die größten Konkurrenten ableiten. Zusätzlich bietet diese Auflistung, eingeteilt nach den umsatzstärksten Autokonzern einen guten Überblick:

Rang	Unternehmen	Umsatz 2018 (Mrd.€)
1.	Volkswagen AG	230,7
2.	Toyota Motor Corporation	210
3.	Ford Motors Company	127,5
4.	General Motors Company	118
5.	Fiat Chrysler Automobiles	110,9

Tabelle 2: Weltgrößte Autohersteller nach Umsatz

Quelle: Eigene Darstellung abgeleitet von Google

Der wohl größte Konkurrent von VW ist die Toyota Motor Corporation. Diese zwei Firmen rivalisieren sich schon seit Jahren und wechseln sich umsatztechnisch den Rang um den ersten Platz der Liste ab. 2008 war Toyota noch das umsatzstärkste Unternehmen, VW konnte sich jedoch zurückkämpfen und führt allein die Spitze an , dies nun schon seit über 10 Jahren. Zusätzliche Konkurrenten sind General Motors, Ford Motors und Fiat Chrysler Automobile.

▶ Kommunikative Aktivitäten von Wettbewerbern

[Hinweis der Redaktion: Diese Abbildung musste aus urheberrechtlichen Gründen entfernt werden.]

Abbildung 10: Welche Automarke macht gute Werbung?

Quelle: Statista

Wie aus dieser Statistik zu erkennen ist, befindet sich VW werbetechnisch im Mittelfeld. Aufholbedarf ist angesagt - durch innovative Veränderungen und gut positionierte Werbung kann das neue VW Modell seine Kunden optimal erreichen und auch zukünftig durch gute Werbung von sich bekannt machen. Besonders die Marken Audi, Mercedes und BMW befinden sich im oberen Feld und liefern immer gute Werbung, die gut bei den Kunden ankommt. Daran kann sich VW mit der jetzigen Kampagne orientieren.

▶ Position der Wettbewerbsprodukte

Dem Volkswagenchef Martin Winterkom ist schon länger bewusst, dass der stärkste VW Gegner aus Korea oder Japan kommt. Modelle wie der Hyundai und Kia haben aufgeholt. Der größte Vorteil bei der Konkurrenz: deren Fahrzeuge sind preiswerter.[49] Wenn man nun nach ähnlichen Modellen wie dem „VW CI Vizzion" sucht, wird man bei einigen Marken fündig. Der Cruise AV von General Motors ist ebenso ein Elektroauto ohne Lenkrad und Pedale und kam bereits 2019 auf den US-amerikanischen Markt.[50] Auch das Design beider Modelle ähnelt sich sehr. Auch Toyota wagt sich an moderne Elektroautos der Neuzeit. Diese bieten aber entweder nicht den Luxus des autonomen Fahrens oder Mangel an einem ansprechendem Design. Auch Peugeot und Volvo trauen sich an autonome Elektroautos, aber auch hier ist das Design noch nicht so zukunftsorientiert . Lenkrad, Armaturenbrett und Pedale sind vorhanden.

[Hinweis der Redaktion: Diese Abbildungen mussten aus urheberrechtlichen Gründen entfernt werden.]

Abbildung 11: Ähnliche Modelle von anderen Marken

Quelle: Google

---

[49] Vgl. Welt (o.J)
[50] Vgl. Cleanthinking (2018)

▶ Preisniveau der Wettbewerber

Bei allen Autos handelt es sich noch um Concept Cars, die in Deutschland noch nicht verfügbar sind. Eine konkrete Preisermittlung ist zum jetzigen Zeitpunkt noch nicht möglich. Man schätzt bei VW einen Preis von 60.000-70.000€ für den „ID Vizzion". Auch die Fahrzeuge der Konkurrenz wird sich im ähnlichen Preissegment ansiedeln.

▶ Marktanteilentwicklung in Relation zum Werbeaufwand

[Hinweis der Redaktion: Diese Abbildung musste aus urheberrechtlichen Gründen entfernt werden.]

Abbildung 12: Marktanteilentwicklung VW
Quelle: Statista

▶ Chancen und Risiken im Wettbewerbsumfeld[51]

Stärken	Schwächen
- Breiteste Produktpalette weltweit - Neue „Together 2025" Strategie - Wettbewerbsüberlegende Markenwahrnehmung - Gute Marktposition in Brasilien, Argentinien, China, Afrika = Erschließung neuer Märkte	- VW Skandal = negative Presse - Durchschnittliche Loyalitätsraten - Verbesserung von Preis-Leistungs-Verhältnis - Unbefriedigende Marktposition in Nordamerika - Sehr hohe Rückfallquote - Keine Expertise in batteriebetriebenen Autos
Chancen	Risiken
- Nutzer wollen autonome Autos - Treibstoffpreise sollen zukünftig steigen - Abschwächung des Elektro-Wechselkurses	- Sehr große Konkurrenz - Zunehmende stattliche Regulierung - Starke Abhängigkeit vom A-Segment (Golf)

Tabelle 3: SWOT Analyse von VW

Quelle: Eigene Darstellung

▶ Sättigungsgrad des Segments

Der Wettbewerb um die beste Technologie für das autonome Fahren ist weltweit im vollen Gange. Erfolge bei Forschungen und Entwicklungen sind das eine - die Realität auf den Straßen das andere. Eine aktuelle Studie des Prognose - Forschungsinstituts zeigt, dass das autonome Fahren sich zuerst langsam durchsetzen wird.[52] Es wird jedoch definitiv eine enorme Steigerung von 2,4% im Jahr 2020 bis auf 70% im Jahr 2050 geben. Ein sehr hohes Potential für Marken hier neue Ziele zu erreichen und sich als Vorreiter durchzusetzen. VW Chef Herbert Diess ist der Meinung, die deutschen Autohersteller hinken bei der Entwicklung der Technologie für das autonome Fahren noch einige Jahre hinterher. Er sieht Experten Firmen aus den USA an der Spitze, dieses Wissen gepaart mit deutscher Gründlichkeit könnte VW zur antreibenden Macht im autonomen Fahren führen.

---

[51] Vgl. Strategiemanagementinsights (o.J.)
[52] Vgl. ADAC (2020)

▶ 3.) Zielgruppenbeschreibung

▶ Kernzielgruppe

Die Kernzielgruppe findet sich bei Männern im mittleren Alter, also ungefähr 55 Jahre alt mit Hochschulabschluss und einer leitenden Position und einem Jahresbrutto von über 70.000€. Die Kernzielgruppe für dieses Modell sind vor allem Männer im mittleren Alter. Sie sind gebildet, verdienen gut und stehen in hochrangigen Positionen. Daher gehören sie definitiv zu der besseren sozialen Schicht und geben gerne Geld für ihre Interessen aus, dass sind in der Regel Ausgaben für Autos, Sport oder andere Hobbys und Leidenschaften. Ein gutes und vor allem innovatives Auto zu fahren gehört für sie zum Alltag. So werden sie auch von der Außenwelt als „mächtiger", „besser" oder „reicher" wahrgenommen und fühlen sich in ihrer Position gestärkt. Vielen Männern im mittleren Alter ist das Erscheinungsbild sehr wichtig. Aber auch umweltbewussten und informierten Menschen wird der „VW ID Vizzion" zusagen, da es sich um ein Elektroauto handelt. Um den Planet zu schonen, ist es daher wichtig, bald umzusteigen und die Vorteile zu kennen.

▶ Randzielgruppe

Generell werden eher Männer durch innovative Entwicklungen in der Automobilbranche angesprochen. Diese können aber zwischen 18 und 80 Jahre alt sein, so lange sie überdurchschnittlich gut verdienen, werden auch sie Interesse an diesem innovativen Fahrzeug haben. Grundlegend ist aber nun mal zu erwähnen, dass dieses Modell besonders zum Release kein Auto für die Mittelschicht ist und auch nicht unbedingt ein alltagstaugliches Familienfahrzeug darstellt. Besonders freie, innovative und intelligente Singles werden von diesem Auto angezogen und so soll auch die Werbung gestaltet werden. Aber auch immer mehr Frauen zeigen Interesse an teuren und luxuriösen Fahrzeugen. Somit spricht dieses Modell auch Damen aller Altersgruppen an, so lange diese die finanziellen Mittel haben.

▶ Kaufentscheidungsprozess[53]

1. Problemerkennung	- Kaufprozess beginnt mit Problem oder Bedürfnis (z.b. Wunsch nach neuem Auto, altes Fahrzeug kaputt)
2. Informationssuche	- Käufer holt sich Informationen ein - Informationen über verschiedene Produkte (z.B. Onlinesuche nach Autos, Beratungsgespräche)
3. Evaluation von Alternativen	- Erlangte Informationen werden nun bewertet - Falls nötig, Alternativen gesucht
4. Kaufentscheidung	- 2 Faktoren zu beachten: - Einstellung anderer (können Kaufentscheidung positiv oder negativ beeinflussen) - Unerwartete Ereignisse (z.b. Jobverlust, Ablenkung)
5. Verhalten nach dem Kauf	- „Nachkaufphase" (Kaufprozess endet nicht mit Kauf)

Tabelle 4: Kaufentscheidungsprozess

Quelle: Eigene Darstellung

---

[53] Vgl. Omna (o.J.)

▶ 4.) Kommunikationsziele

▶ Angestrebte Kommunikationsziele

Status/Problem	Ziel
- Unkenntnisse über das auto-gene Fahren	- informieren
- Vorurteile/Bedenken	- Sicherheit geben - Vorurteile senken
- Mangelnde Sympathie (Erkenntnis aus Umfrage)	- Sympathie aufbauen
- Erosion	- An Vorteile erinnern

Tabelle 5: Kommunikationsziele

Quelle: Eigene Darstellung

▶ Kommunikationsinhalte der Kampagne

Inhalte der Kampagne
- Neuen Ansatz für Kampagne für Verbesserung des Image
- Zielgruppe soll durch Models angesprochen werden (z.B. ältere, gestylte und fitte Männer mit VW ID Vizzion posieren)
- Innovation hervorheben
- Stabilisierung der Bekanntheit
- Wissen vermitteln
- Sympathie aufbauen

Tabelle 6: Mindmap über Ideen der Kampagneninhalte

Quelle: Eigene Darstellung

[Hinweis der Redaktion: Diese Abbildung musste aus urheberrechtlichen
Gründen entfernt werden.]

Abbildung 13: Werbung für den VW ID Vizzion

Quelle: VW

[Hinweis der Redaktion: Diese Abbildung musste aus urheberrechtlichen
Gründen entfernt werden.]

Abbildung 14: Werbung für den VW ID Vizzion

Quelle: VW

[Hinweis der Redaktion: Diese Abbildung musste aus urheberrechtlichen Gründen entfernt werden.]

Abbildung 15: Wichtige Aspekte für Autokäufer im Jahr 2030

Quelle: Statista

Diese Statistik gibt einen Anhaltspunkt darüber, welche Aspekte in der Kaufentscheidung miteinfließen. Das VW ID Modell ist ein sehr innovatives Modell, welches sich in der Zukunft immer weiterentwickeln wird. Für die Käufer ist besonders ein umweltfreundlicher Antrieb (49%) wichtig. Den Klimawandel kann man in der heutigen Zeit nicht mehr bestreiten. Immer wichtiger wird daher ein sorgsamer Umgang mit unserem Planeten und ein umweltfreundliches Verhalten. Fast die Hälfte der Befragten schien dieser Aspekte besonders wichtig. Ebenso von Bedeutung ist ein guter und günstiger Verbrauch und auch die Unterhaltungskosten des Wagens spielen eine Rolle (48%). Da das Modell sehr neuwertig auf dem Markt ist, fehlt vielen Menschen noch das Vertrauen in die neuartige Technik. Das Thema Sicherheit ist mit 39% für Kunden und Verbraucher auch sehr wichtig. All diese Kriterien sollten unbedingt in die Werbung für den „VW ID Vizzion" mit einfließen und es sollte versichert werden, wie zuverlässig das Fahrzeug ist. Auch der Preis ist mit 37% der Stimmen von Bedeutung. Hier sollte sich auch nochmal mit der Konkurrenz verglichen werden. Nicht so wichtig sind Aspekte wie Finanzierungsangebote oder Wiederverkaufswerte, da der Großteil unserer Kunden nicht kaufen muss, sondern kaufen will. Auch Marke oder Modell sind nicht von immenser Bedeutung, das spricht dafür neue Kunden für VW gewinnen zu können und sich in Sachen Elektroauto als Marktführer zu etablieren.

6. Fazit

Nach einer fundamentalen Besprechung und vielfältigen Umfragen und Analysen ist es nun an der Zeit, nachdem ein erfolgreiches Briefing durchgesetzt wurde, sich für eine erfolgreiche Mobile Marketing Kampagne zu entscheiden. Für die für uns relevante Zielgruppe kommt eine Vielzahl von Formen in Frage, am besten ist es daher diese zu kombinieren und dadurch über mehrere Kanäle zu schalten. Die zwei Grundbausteine stellen hier erst Mal die Website, sowie das E-Mail-Marketing dar. Schon eine gewisse Zeit vor dem Launch des „VW ID Vizzion" sollte auf der offiziellen Homepage von VW großflächig Werbung für das Modell geschaltet werden. Menschen, die also auf der direkten Suche sind, werden durch einen Klick direkt zu dem Produkt geführt und auch andere Interessenten können dadurch auf den innovativen Release aufmerksam gemacht werden. Auch VW verschickt in regelmäßigen Abständen Werbemails an Kunden. Man könnte durch diese Form des Online Marketings den Kunden, einige Wochen vor Verkaufsstart, diese neuartige Entwicklung aufzeigen und dazu aufrufen, dieses Modell wegen seiner vielzähligen Vorteile nicht zu verpassen. Am Tag des Releases kann man noch eine zweite Rundmail verschicken und gegebenenfalls nochmals dazu aufrufen sich das neue Modell in ausgewählten Automobilfilialen anzuschauen. Beide Marketingformen sind sehr zeit- und kostensparend. Dieses Geld soll unteranderem auch in die Display Werbung fließen. Hier sollen andere Marken und Webseiten in Form von Banner Werbung auf das neue Produkt aufmerksam machen! Am sinnvollsten sind Internetseiten und -partner zu wählen, auf denen sich ältere, wohlhabende Männer bewegen. Besonders Vergleichsportale, wie Verivox oder Mein Auto, wären für diese Kampagne ideal. Dort könnte der „VW ID Vizzion" durch Bilder und einen kurzen Slogan beworben werden. Die Bannerwerbung könnte aber auch auf eine Vielzahl von anderen Internetseiten ausgeweitet werden. Für unsere Zielgruppe kommen besonders Nachrichtenportale, wie ARD und NTV, sowie Wetter-Apps in Frage. Zusätzlich noch Sport- und Fußballportale, da hier hauptsächlich Männer aller Altersklassen unterwegs sind. Auch Social Media Marketing ist in dieser Rubrik interessant, da die Marke selbstständig bestimmen kann, wann und wie oft sie Werbung schalten möchte. Zusätzlich ist es hier sehr einfach seine Zielgruppe festzulegen und direkt anzusprechen. Social Media bietet noch einen weiteren großen Vorteil, denn zu viel Werbung gibt es hier nicht.

Den Kunden per Mail zu kontaktieren, kann für diesen bei mehrmaligen Versuchen anstrengend werden und die Marke riskiert, dass der Verbraucher die Mails sperrt, sie in den Spam Ordner weiterleitet oder sich aus der Kontaktliste entfernen lässt. Dieses Risiko hat man bei Social Media nicht. Jeder der VW auf Facebook, Instagram und Co. folgt, tut dies gern! Hier gibt es keine Regeln: Ob VW nun 3 Beiträge am Tag postet oder nur einen in der Woche, liegt ganz bei der Marke selbst. Bei dem Release eines neuen Produktes bietet es sich jedoch an, aktiver auf den sozialen Netzwerken zu sein. All die eben genannten Marketing Optionen bilden einen guten Start für einen erfolgreichen Release. VW hat die Bekanntheit, das Geld und den Einfluss einen idealen Start hinzulegen! Es wird spannend sein, diesen zu verfolgen!

7.Literaturverzeichnis

Burmann, C. u. Kirchgeorg, M. u. Meffert, H., (2011). Marketing: Grundlagen marktorientierter Unternehmensführung (11.Aufl.), Gabler Verlag

Diller, H. (2001). Vahlens Großes Verlagslexikon (2.Aufl.), Verlag Vahlen

Fuchs, W. u. Michel, B. u. Unger, F., (2012). Mediaplanung: Methodische Grundlagen und praktische Anwendungen (1.Aufl.), Springer Verlag

Hermanni, J. u. Veeh, W., (2019). Studienbrief Mediaplanung und -controlling (4.Aufl.), Riedlingen

Jahnke, M., (2018). Influencer Marketing (1.Aufl.), Springer Verlag

Kramps, I. u. Schetter, D., (2017). Performance Marketing (1.Aufl.), Springer Verlag

Kreutzer, R., (2019). Online Marketing (2.Aufl.), Springer Verlag

Kuhlen, R. u. Semar, W. u. Strauch, D., (2014). Grundlagen der praktischen Information und Dokumentation (6.Aufl.), De Gruyter

Lammenett, E., (2019). Praxiswissen Online Marketing (7.Aufl.), Springer Verlag

Lippold, D., (2015). Einführung in die Marketing Gleichung (1.Aufl.), Springer Verlag

Sens, B., (2018). Das Online Marketing Cockpit (1.Aufl.), Springer Verlag

Zentes, J. u. Swoboda, B., (2001). Grundbegriffe des Marketing (5.Aufl.), Springer Verlag

Internetquellen

ADAC (2020), Autonomes Fahren; URL https://www.adac.de/rund-ums-fahr-zeug/ausstattung-technik-zubehoer/autonomes-fahren/ (26.05.2020)

Autozeitung (2019), ID Vizzion; URL https://www.autozeitung.de/vw-id-vizzion-preis-technische-daten-193083.html (16.05.2020)

BVDW (2018), Mobile Advertising; URL https://www.bvdw.org/fileadmin/user_up-load/BVDW_LF_MobileAdvertising_final.pdf (02.02.2020)

Cleanthinking (2018), Cruise AV; URL https://www.welt.de/motor/gal-lery106226928/Autos-die-mit-der-deutschen-Konkurrenz-mithalten.html (22.05.2020)

Crossvertise (o.J.), Eine gute Mediaplanung als Grundlage für den Werbeerfolg; URL https://www.crossvertise.com/hilfe/informieren/mediaplanung (05.05.2020)

Deutsche Welle (2018), Volkswagen bleibt größter Autobauer der Welt; URL https://www.dw.com/de/volkswagen-bleibt-gr%C3%B6%C3%9Fter-autobauer-der-welt/a-42174970 (16.05.2020)

E-Dialog (2018), Warum Online Marketing?; URL https://www.bvdw.org/filead-min/user_upload/BVDW_LF_MobileAdvertising_final.pdf (24.04.2020)

Horizont (2015), Volkswagen gehört weiterhin zu den stärksten deutschen Mar-ken; URL https://www.horizont.net/marketing/nachrichten/Markenstudie-Volks-wagen-gehoert-weiterhin-zu-den-staerksten-deutschen-Automarken-137392 (17.05.2020)

Mail Jet (2018), E-Mail Marketing; URL https://www.mailjet.de/blog/news/email-marketing-grundlagen/ (28.04.2020)

Marketing Institut (1) (2018), Die Mediaplanung: Kernbestandteil der der Wer-bestrategie; URL https://www.marketinginstitut.biz/blog/mediaplanung/ (30.04.2020)

Marketing Institut (2) (2019), Affiliate Marketing; URL https://www.marketinginsti-tut.biz/blog/was-ist-affiliate-marketing/ (28.04.2020)

Marktforschung (2020), Mediaplanung; URL https://www.marktforschung.de/wiki-lexikon/marktforschung/Mediaplanung,%20Mediaplan/ (11.05.2020)

Media-Engine (2011), Mediabriefing; URL http://www.media-engine.de/wp-content/uploads/2012/07/WiWo_PW_Mediabriefing.pdf (11.05.2020)

Onlinemarketing Praxis (o.J.), Definition Display Marketing; URL https://www.onlinemarketing-praxis.de/glossar/display-marketing-display-advertising (27.04.2020)

Omna (o.J.), Kaufentscheidungsprozess; URL https://onma.de/online-marketing-lexikon/kaufentscheidungsprozess/ (26.05.2020)

RYTE (2019), Social Media Marketing; URL https://de.ryte.com/wiki/Social_Media_Marketing (24.04.2020)

Strategiemanagementinsights (o.J.), SWOT Analyse; URL https://strategicmanagementinsight.com/swot-analyses.html (23.05.2020)

Tagesschau (2020), Aktuelle VW Themen; URL https://www.tagesschau.de/thema/volkswagen/index.html?page_number=1 (17.05.2020)

Volkswagen (2020), Volkwagen; URL https://www.volkswagen.de/de/e-mobilitaet-und-id/id_familie/id-vizzion.html (17.05.2020)

Volkswagen Aktiengesellschaft (2011), Modellpalette vom VW Konzern; URL https://web.archive.org/web/20110702051532/http://www.volkswagenag.com/vwag/vwcorp/content/de/brands_and_products.html (16.05.2020)

Volkswagen AG (1) (2020), Volkswagen Aktiengesellschaft; URL https://www.volkswagenag.com/presence/investorrelation/publications/annual-reports/2019/volkswagen/de/Y_2018_d.pdf (15.05.2020)

Volkswagen AG (2) (2020), VW Geschäftsbericht 2018; URL https://www.volkswagenag.com/de/InvestorRelations/news-and-publications/Annual_Reports.html (20.05.2020)

Welt (o.J.), Autos, die mit der deutschen Konkurrenz mithalten; URL https://www.welt.de/motor/gallery106226928/Autos-die-mit-der-deutschen-Konkurrenz-mithalten.html (21.05.2020)

BEI GRIN MACHT SICH IHR WISSEN BEZAHLT

- Wir veröffentlichen Ihre Hausarbeit,
  Bachelor- und Masterarbeit

- Ihr eigenes eBook und Buch -
  weltweit in allen wichtigen Shops

- Verdienen Sie an jedem Verkauf

Jetzt bei www.GRIN.com hochladen und kostenlos publizieren